심심 X 앙꼬

왕코 고양이 앙꼬가 쓰는 심심작업실 일기

심심 X 앙꼬

왕코 고양이 앙꼬가 쓰는 심심작업실 일기

수리 지음

harmonybook

언제나 사랑스러운
심심작업실 고양이
앙꼬에게

차례

10_ 작업실과 앙꼬 by 수리

14_ 안녕! 난 왕코고양이 앙꼬라고 해 by 앙꼬

18_ 여긴 어디? 심심작업실 by 앙꼬

24_ 렛미고아웃 by 앙꼬

28_ 창문 여는 고양이 by 수리

34_ 실 좋아하는 언니야 by 앙꼬

38_ 고양이와 실 by 수리

44_ 심심작업실의 뮤즈는 나야나 by 앙꼬

52_ 놀러와요, 심심장 by 앙꼬

56_ 고양이라는 소재 by 수리

60_ 앙꼬의 스트릿 친구들을 소개하지 by 앙꼬

66_ 쫄보야 잘 지내니 by 수리

70_ 마리 앙꼬아네트 by 앙꼬

74_ 행복하자, 아프지 말고 by 수리

78_ 내 방에 모르는 사람이 자꾸 와 by 앙꼬

82_ 앙꼬는 심심작업실 호스트! by 수리

88_ Very clever cat, Angkko by 수리

92_ 손님에게 받은 앙꼬 팬아트 by 앙꼬

100_ 굿바이 기프트?! by 수리

104_ 앙꼬 마음대로 할꺼야 by 앙꼬

108_ 앙꼬가 카톡 보내줬으면 by 수리

112_ 두 번째 심심장! by 앙꼬

120_ 에필로그

작업실과 앙꼬
심심작업실은 어떻게 앙꼬가 주인이 되었나

by 수리

언젠가는 작업실에 대한 이야기를 써보고 싶었다.
돌아오는 3월이면 작업실 공간을 시작한 지 벌써 3년.

시작은 덜컥, 하는 순간에.
꽤 오랫동안 눈여겨보고 있던 공간이, 갑작스레 비었다는 이야기를 듣고 덜컥 계약부터 하고 작업실을 꾸렸다.
꽤 오래된 주택의 2층 공간. 1층은 남자 친구가 상담소를 열어

공들여 인테리어도 하고, 앞에는 작은 나무들을 사다 가꾸고 있었기에 기회가 되면 2층 공간도 쓸 수 있게 되면 좋겠다고 막연히 생각하고 있던 터였다. 그땐 공간을 어떻게 쓰자는 계획도 없이 공간이 생겼으면 좋겠다고 생각 하다가 막상 공간이 생기니 덜컥 겁이 나기도 했다. 매일 출근하는 직장인이, 이 공간을 유지할 수나 있을까, 월세만 내다 이도 저도 아니게 되는 건 아닐까 하고. 그런데 결론부터 얘기해 보자면, 작업실은 이제 3년을 꽉 채워가고, 나 포함해 6명이 복작복작 자기의 작업을 하고, 놀다가 뒹굴대다가, 요리해서 나눠먹고 깔깔거리다, 에어비앤비 손님도 빈 방에 들여봤다가, 프리마켓도 나가고, 바질을 상추를 키웠다가 먹었다가 죽였다가, 그리고 고양이 앙꼬를 데려와 같은 공간을 점유 중이다.

앙꼬는 길고양이였다.
어느 비 오던 여름날 밤, 빗소리보다 더 세차게 애옹대는 아기 고양이 소리를 들은 남자친구는 길에서 울던 고양이를 데려왔다. 밤새 울어대던 아기 고양이가 안쓰러워 작업실에서 같이 돌보는 게 어떻겠냐는 말에 작업실 식구들은 모두 단번에 오케이 하였다. 코가 커서 왕코로 불릴 뻔하던 이 아기 고양이는 '앙꼬'라는 이름으로 불리며 작업실의 마지막 식구가 되었다.

처음 며칠간 앙꼬는 요가매트 속, 캔버스 뒤, 상자 속으로만 숨어 들어가면서 애옹애옹 울었다. 엄마 고양이 뱃속에서 영양상태가 좋지 않았는지 꼬리도 새끼손가락 반만 했고, 앙꼬를 처음 본 수의사 선생님은 "고양이치고 다리가 짧다."고 했다. 우린 민

지 않았지만, 성묘가 된 지금 앙꼬의 뒤태를 보면…. 꼬리도 짧은 것이 다리도 짧아 토끼가 뛰어다니는 것 같다.

서로 어색할 수 있던 작업실 초반에 앙꼬가 있어 서로 더 빠르게 친해질 수 있었다. 그림 그리는 친구들은 앙꼬를 이 재료, 저 재료로 그려냈고, 앙꼬 엽서, 앙꼬 스티커, 앙꼬 책을 만들어 프리마켓에도 나가고, 에어비앤비 손님 중에는 앙꼬 인스타를 보고 여기를 결정했다는 손님도 있으니 앙꼬를 중심으로 작업실이 돌아가고 있다고 해도 과언이 아니다. (앙꼬 없었으면 어쨌을 뻔!) 그러니 작업실 이야기를 써보자, 라고 생각했을 때 앙꼬의 시점으로 써보고 싶어 진 건 당연할지도 모르겠다.

자기가 창문 열고 산책 나갔다 들어오는 앙꼬,
추워서 창문 닫으면 밖에서 쫓아와서는
창문 닫지 말라고 승질내는 앙꼬,
처음 본 사람에게도 냐앙 하고 인사하는 앙꼬,
그치만 맘에 안 들면 냄새 팍 오줌을 싸버리는 앙꼬,
궁디팡팡 해주면 들리지도 않는 아주 낮은 소리로 골골대는 앙꼬,
'츄르' 하고 '앙꼬'는 기똥차게 알아듣지만
'앙꼬' 하고 부르면 자기 기분 좋을 때만 대답하는 앙꼬,
길고양이들 작업실로 데려와 밥 먹이는 앙꼬,
집에 들어오라고 하도 외쳐대서 동네 사람들도 다 아는 앙꼬,
너무나 많은 사람에게 사랑받는 우리 앙꼬,

우리 고양이 앙꼬가 쓰는 심심작업실 일기.

안녕!
난 왕코고양이 앙꼬라고 해
심심작업실의
실질적 주인이랄까

by 앙꼬

언니 오빠야들, 하이?
나는 심심작업실의 실질적 주인이자,
작업실 언니들의 귀염둥이이자 뮤즈, 앙꼬라고 해.

다른 고양이들은 자기 이름을 못 알아듣는 애들도 많다고 하던데,
난 모른 척할 수가 없어.
산책이라도 잠깐 나갈라치면 온 골목이 떠나가도록
언니들이 "앙-꼬! 앙-꼬!"하고 외쳐대는 통에
동네 사람들까지 내 이름을 다 알아버렸지 뭐야.
언니들 그만 좀 합창하게 하려면 내가 빨리 대답하는 수밖에.
"앙꼬" 하고 불렀을 때 "으응?"하고 대답해주면
언니들 표정이 어찌나 환해지는지.

세상에 나온 지 한 달밖에 안 된 날 보고 내 코가 크다면서
내 이름을 '왕코'라고 지으려고 한 거 나는 다 기억하고 있어.
아니 이렇게 귀엽고 아리따운 나에게 그런 무지막지한
이름을 붙이려고 하다니! 그땐 지금보다 코도 훨씬 작구만!
지금도 그때가 생각날 때마다 언니들 손목을 물어. 아ㅡ흥!

길에서 엄마가 나를 떠난 뒤로 난 살기 위해 열심히 울었어.
해가 나도, 비가 와도, 밥도 안 먹고 우앙우앙 울었지.
비 오던 그 여름날 밤에도 빗소리보다 더 크게 우앙우앙 울지 않았다면
지금 내가 여기 심심작업실에 있지 않았겠지.
나의 우렁찬 울음소리가 참 자랑스럽다니깐.
지금은 밖에 나가고 싶을 때마다 약간의 서글픔과

애교를 조금 섞어서 애옹애옹 울곤 해.
그럼 언니들이 마지못해 창문을 열어주면서
산책시간 시ー작!

내 취미는,
산책하기 내가 말했지? 이 동네에서 앙꼬 모르는 사람 없다고. 다 내가 매일매일 산책 나가서 안녕하고 와서 그래. **창문 열기** 안 열어주면 내가 열어서라도 나갔다와야지 어쩌겠어. **길고양이에게 작업실 사료 나눠주기** 밤에는 아무도 없다고 들어오라고 하는데도 다들 왜 그렇게 무서워하는지 모르겠어. **찍먹하기** 묘생에 찍먹과 핥먹이 있다면 앙꼬는 주저없이 찍먹을 선택! **실 냠냠 먹기** 언니야 중에 실쟁이 언니가 있는데 그 실, 색깔마다 다른 맛이 나는 거 있지? **언니들 그림모델 해주기** 언니들은 내가 너무 이쁜대, 시도 때도 없이 그려. 나 몰래 엽서를 만들지 않나 저번엔 책이랑 스티커까지 만든 거 있지? 그래서 츄르 좀 얻어먹었지 뭐. **손님맞이하기** 내가 아무리 낯을 안 가려도 그렇지, 이상한 말을 쓰는 언니들이 자꾸 왔다 가는 거야, 비앤비?리는 거라는 데 여기서 몇 밤 자고 여행하고, 공부도 하고, 일도 하고 그런대. 익숙해질 만하면 자꾸 가더라 힝….

내가 사는 심심작업실이 궁금하다구?
심심작업실은 내가 주인이지만,
특별히! 언니야들이 와서 그림도 그리고
만들기도 하고 손님도 초대하고 할 수 있게 한 곳이야.
내가 심심하지 않도록!

그럼 다음번엔 심심작업실 소개해줄게!

여긴 어디?
심심작업실
작업실 시작 이야기

by 앙꼬

안녕! 다시 앙꼬야.

오늘은 내가 살고 있는 심심작업실 얘기를 해볼까 해.
엊그제가 심심작업실이 생긴 지 3년이라는 얘기를 언니들한테 들었어!
난 아직 세 살이 안되어서 3년이 되면 어떤 느낌이 드는지 모르겠지만
언니들은 뭔가 찡해하더라고!
내 생일에도 언니들이 찡- 해할까? 히히

엊그제 언니들은 봄이 온다면서 아주 바쁘더라고?
날이 따뜻해지면 밖으로 앙꼬를 내보내 줄 생각을 해야지,
내보내주지도 않고 흙을 만지고 있었어!
사실 탈출을 시도해서 성공했지만 다리에 상처 났다고
다시 안으로 소환당하고 말았지. 흑흑

언니들은 식물을 좋아해.
앙꼬가 냥펀치 팡팡해서 저 세상으로 보내버린 친구들도 많지만
언니들도 나 못지않게 식물 친구를 많이 보내버렸어!
그런데도 포기 안 하고 계속 데려오더라구!
작년에는 텃밭상자라는 걸 받아와서 상추랑 바질이랑 루꼴라 심어서
여름에 와구와구 먹던데, 내 입맛엔 영 안 맞았지.

심심작업실은 서교동에 있어!
요즘 유명한 망원시장에서 가깝다던데 여기는 조용한 뒷골목에 있어서
비둘기 친구들도 많이 찾아와.
언니야 두 명이서 먼저 3년 전에 여기에 왔다고 해.

이사 가고 썰렁한 여기에 언니가 만든 인형도 가져오고 그림도 붙이고
화분도 사 오고 해서 예뻐졌대.
심심작업실이란 이름도 붙이고 말이야.

조금씩 예뻐지니까 다른 언니야들도 많이 놀러 왔어.
구경만 하고 가버리는 언니야도 있었지만 지금은 언니야 6명이서
돌아가면서 내 궁디팡팡도 해주고 밥도 주고 장난감으로 놀아주고….
모여서 맛있는 거 먹으면서 수다 떨고 마루에 누워 딩굴딩굴하고.
그리고 언니들 일도 가끔 하는 것 같긴 해.

그림 그리다 앙꼬 만지고, 인형 만들다 앙꼬랑 숨바꼭질하고,
네모상자랑 한참 씨름하다 앙꼬 털 뭉치 만들어주고,
소설 쓰다 앙꼬 츄르 한 입 주고….
음? 아마도 앙꼬랑 놀아주는 게 제일 1번인 듯!

앙꼬에겐 여기가 얼마나 마음 편한 곳인지 몰라.
매일 심심작업실에 수상한 사람이 오는 건 아닌지 냄새 킁킁 맡고,
주변 순찰하느라고 얼마나 바쁜지.
앙꼬 덕에 언니들도 여기 마음 놓고 오는 거라니깐!

**언니야들이 작업실이 있어서 참- 좋다 라고 하는데 다 내 덕인 줄 알라
구! 그러니까 내일 여기 올 때도 양손 가득 '츄ㅡ르' 부탁해!**

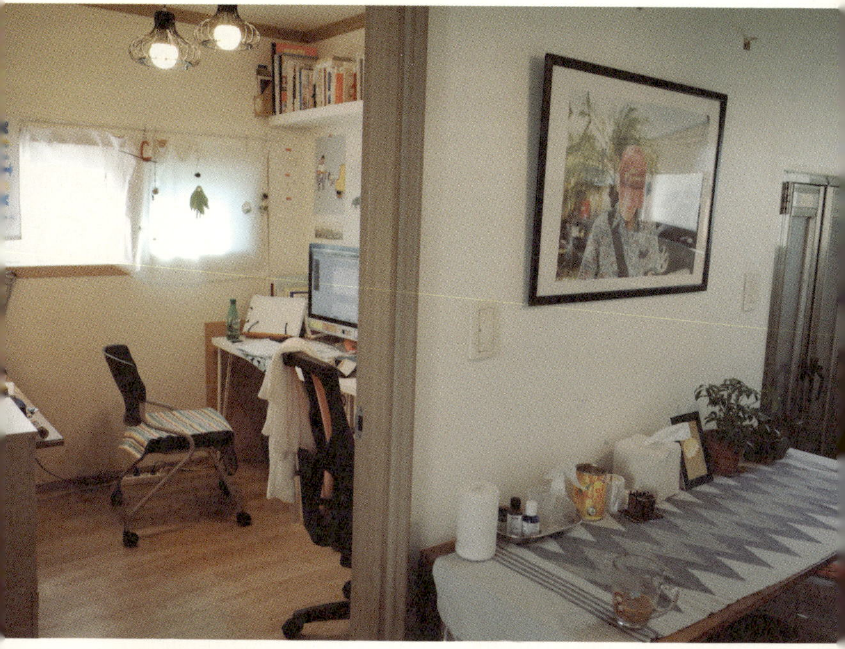

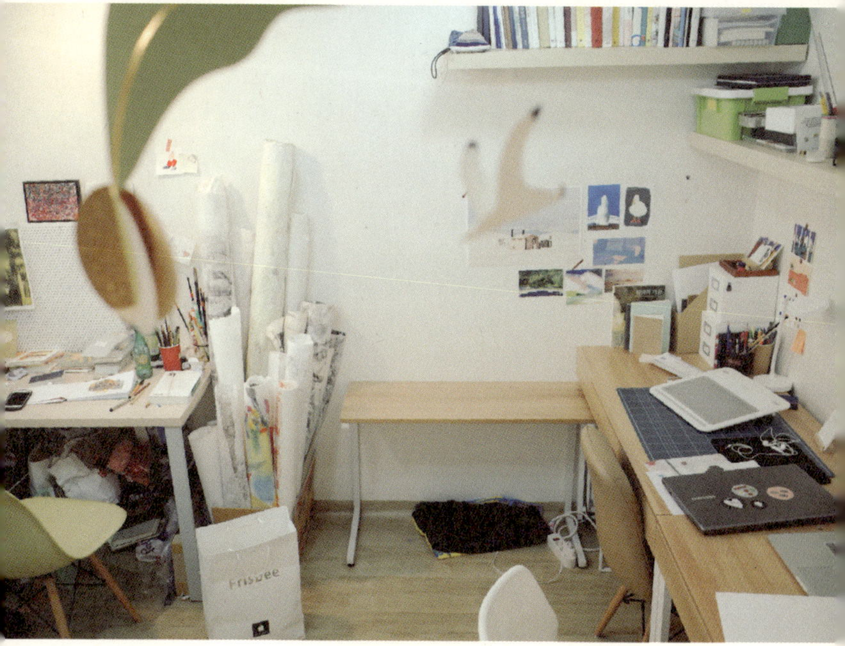
Frisbee

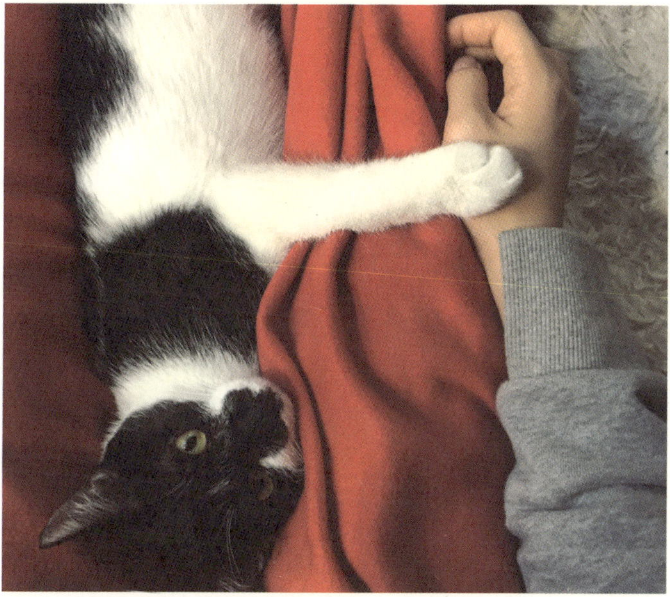

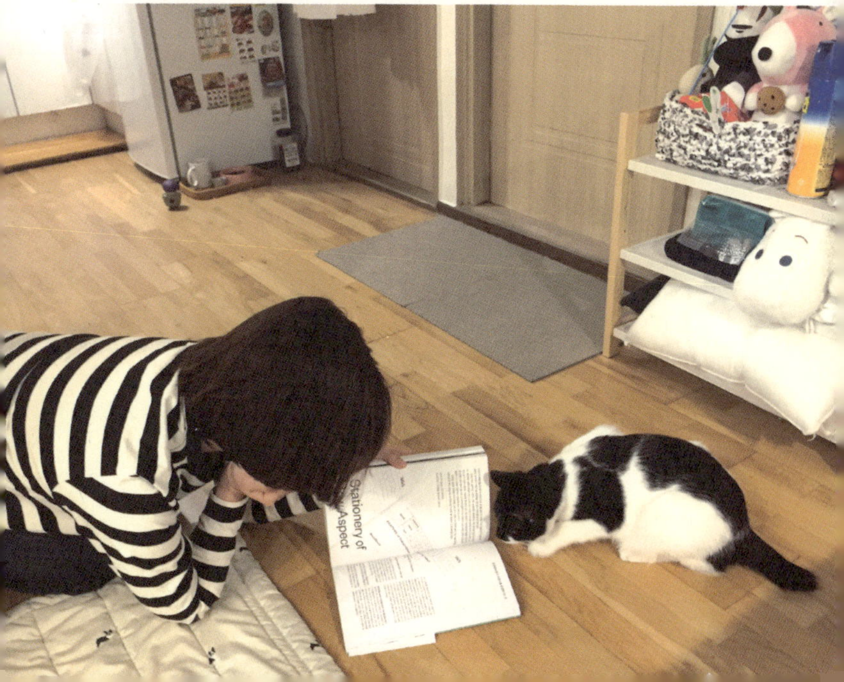
Stationery of
Aspect

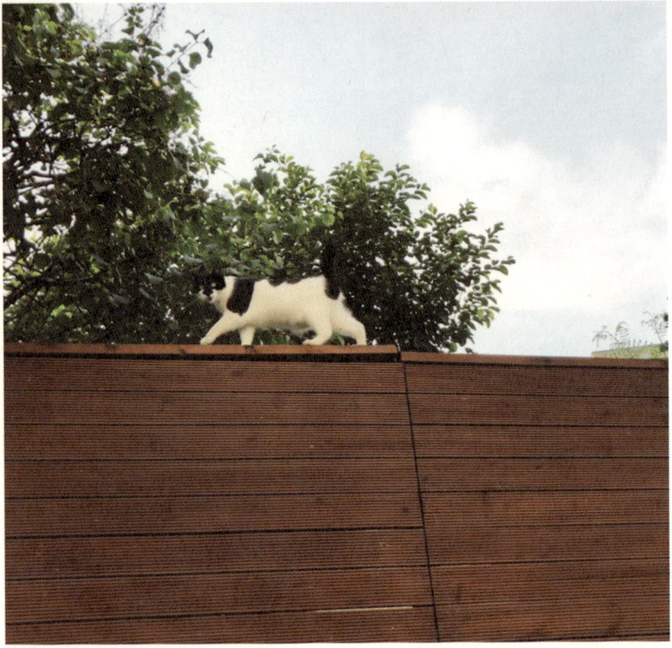

렛미고아웃 —

탈출냥 앙꼬의 자유비망록

by 앙꼬

안녕! 나는 자유고양이 앙꼬야,
고양이는 작은 박스만 좋아한다고
그 누가 그랬던가!
하지만 박스에만 있기에
앙꼬의 세계는 너무나 넓은걸!

삐삐삐삐 —
비밀번호를 누르는
소리가 들리면 준비해야해,
언니들이 방심한 틈을 타
잽싸게 달려나가야 하거든!

저번엔 밖으로 탈출한게
너무 기쁜 나머지
골목에서 춤을 추다가
언니한테 잡혀버린거 있지,
이젠 더 이상의 실수는 없다!

문이 열리면 우다다다
멀리 달려나가면 날 못 잡지롱,

내가 멀리 도망가는 것도 아닌데
언니들은 왜 그렇게
창문 앞에서
날 불러대는지,

창문 앞에 간식 두고, 장난감 흔들면서
고래고래 소리치고….
내가 동네 부끄럽다니깐.
때가 되면 어련히 들어갈까봐! 나도 어엿한 세 살 냥이라구!

내가 문 열린 틈을 타 달려나가는 걸
알아챈 언니들이 철통 방어를 시작했어.

문을 열 때 얼굴만 빼꼼 들이밀고
내가 앞에 있는지 없는지를 확인하더니만,
이젠 내가 못 뛰어 나가게 장애물까지 문 앞에 둔 거야.

그렇다고 포기할 앙꼬가 아니지!
내 갈 길은 내가 스스로 만든다!
나의 간절함은 창문여는 스킬을 개발하게 했지.

처음엔 방충망을 툭툭 쳐서 열었고,
다음엔 이중창을 탁탁 쳐서 열었고,
나중엔 잠긴 창문도 쓱쓱 열게 되었어!

방충망 열리지 말라고 사 온 잠금장치를
내 앞발펀치로 팡팡 쳐서 열어버렸을 때,
그 커다란 방충망을 내 발톱으로 야무지게 찢고 밖으로 나갔을 때,
언니들의 표정이란!

헤헤 ~

그러니까 날 가두려는 생각은 말아줘!

창문 여는 고양이
탈출냥 앙꼬와 함께 한다는 것

by 수리

처음 고양이를 작업실에 데려오기로 했을 때,
밤에 혼자 외롭지 않겠냐는 주변의 우려가 없었던 것은 아니다.

고양이는 독립적인 동물이라 괜찮다는 말도 있었고, 도도해 보이는 겉모습과는 다르게 고양이도 외로움을 많이 탄다는 말도 있었다. 작업실에는 여러 사람이 왔다 갔다 하다 보니 혼자 있는 시간이 생각보다 길지 않을 것처럼 보였고, 가끔 작업을 하면서 밤을 새우는 멤버도 있었기에 일단 데려오기로 하였다. 앙꼬가 외로움을 타는 고양이인지, 아닌지는 같이 지내봐야 알 수 있는 것이기에.

앙꼬가 어느 정도 고양이태를 갖추어갈 때쯤, 열린 현관문을 따라 쪼르르 밖에 나오는 일이 가끔 생겼다. (앙꼬가 처음 왔을 때는 처음 왔던 방을 탐색하는 데까지만 해도 며칠이 걸렸고, 그 방문을 넘는 것도 그 보다 한참 후의 일이었다.) 그래, 앙꼬 너도 바깥바람 좀 쐬고 들어가자며 몇 번 밖에 같이 나갔더니 그때부터 앙꼬는 기회를 노려 틈만 나면 밖으로 나가기 시작했다. 왔다 갔다 하는 사람이 많은 공간이라는 건 그만큼 문이 열릴 기회가 많은 공간이라는 뜻이기도 하다. 사람이 드나들 때마다 빼꼼 열리는 현관문을 향해 앙꼬는 돌진해 나갔다.

그때만 해도 앙꼬가 중성화 수술을 하기 전이었기 때문에 언제 돌아오지 라는 걱정보다는 나가서 혹여 임신이라도 해 올까 봐 그게 더 걱정이었다. 창문 앞에 먹이를 두고, 츄르를 두고, 장난감을 흔들면서 "앙꼬- 앙꼬"를 열심히 외쳐댔다. 우리가 그렇게 간절하게 앙꼬를 불러대서인지, 앙꼬가 작업실을 나갔다가 돌아오지 않은 적은 없었다. 대신 들어올까 말까 놀리면서 애태우는 스킬만 계속 늘어갔다.

중성화 수술을 시키고, 앙꼬가 시간이 지나면 돌아온다는 것을 알게 되자 점점 마음을 놓고 앙꼬를 밖으로 보내는 일이 많아졌다. 며칠 밖에 못 나간 날이면 창문 앞에서 구슬픈 목소리로 애옹애옹 거리고, 요리하다가 냄새가 나서 환기라도 시키려고 부엌 창문을 열면 자기 나가라고 여는 줄 알고 잽싸게 점프하는 통에 내보내지 않을 수 없었다. 방충망을 생각보다 쉽게 열고 나갈 수 있다는 걸 깨달은 앙꼬는 창문과 방충망을 둘 다 열 줄 알게 되었고, 어느 날부터는 잠겨있던 창문도, 잠금장치도 모두 열 줄 알게 되었다. 앙꼬가 잠금장치를 앞발로 탁탁 쳐서 풀어내 버리는 것을 목격하게 되면, 허허 웃으며 나갔다 오라고 문을 열어주지 않을 수 없다.

앙꼬가 기어코 방충망을 뚫어버린 것은 우리가 다 같이 프리마켓에 나갔던 날이었다. 다른 창문은 모두 꼭꼭 닫고, 큰 창문은 무거워서 못 열겠거니 싶어 방충망만 열어두고 잠시 나갔다 왔던 날, 우리는 털이 잔뜩 붙어있는 뚫려버린 창문을 보고 박장대소했다.

"언니들만 밖에 놀러 나갔다 와서 미안해, 앙꼬야."

밖에 나가서 다른 길고양이나 비둘기를 쫓아다니고, 바깥 풍경을 마음껏 즐기고 있는 앙꼬의 모습을 보면, 앙꼬 나름대로 외로움을 해소하고 있는 것 아닐까 싶기도 하다. 많은 사람이 와서 시끌벅적하다가도 어느샌가 조용해져 버리는 작업실에서 외로워지기 않기 위해서는 스스로의 방법을 마련하지 않으면 안 될 테니깐.

실 좋아하는 언니야
앙꼬도 실
엄청 좋아해!

by 앙꼬

고양이인 나 앙꼬 눈에만 재미있는걸까?
실 좋아하는 실쟁이 언니야가 있는데 자꾸만 내 앞에서
실을 요리-조리 흔드는 거야.

처음엔 나랑 놀아주는 건지 알고 엄청 신나서
실으로 달려들었어.
나의 날카로운 송곳니로 야금야금 뜯으면
금방 너덜너덜해지는 실이 얼마나 재미나던지,
언니가 한창 실로 뭔가 만들다 놓고 가버리면
그날 밤 실뭉치는 바로 앙꼬 차지!

뜯어버리기도 하고, 냠냠 먹어버리기도 하고
실을 가지고 놀다보면 그 다음날엔 엄청난
헤어볼을 우에에에엑 토하기도 했어.
언니야들은 또 그걸 보고 기겁을 해버렸지.
언니야들을 놀라게 하는 이 앙꼬의 대단함이란!
나랑 놀아주려고 실을 엄청 가져온 줄 알았는데, 그게 아니지 뭐야.
내가 실을 하도 먹어버리니까 이제 실을 서랍장에 모두 넣어버리고는
뭔가 꼬물꼬물 만들기 시작했어.
앙꼬 입에 들어가면 다 헤어볼 되어버리는데 뭘 만들겠다는건지.
그런데 그 "뜨개질"이란 걸로 뭘 만들어서 앙꼬한테 자꾸 입히는거야!

또 어느 날은 옷을 만들어서 내 몸에 입혔어.
그 옷은 발이 잘 안맞아서 앙꼬는 뒷걸음질 칠 수 밖에 없었지.
그런 날 보고 언니야들은 또 깔깔깔.

앙꼬는 옷 싫어하지만, 그래도 옷을 입히려면
몸에 맞춰주는게 인지상정 아니겠어!

내가 옷 싫어하는 걸 알았는지 언니야는 더이상 옷은 만들지 않아.
앙꼬 털이 따수운데 옷이 왜 필요하겠어! 그치?
대신에 그 동안 쓰던 이름표가 더러워졌다면서
새로운 목걸이를 만들어줬어.
이 분홍 목걸이는 나도 좀 마음에 들었어!
앙꼬랑 어울리는 분홍색!
그치만 산책 나가서 신나서 이리 딩굴 저리 딩굴 하는 사이에
어느새 사라져버렸더라구.

이봐 언니야,
만들어주려면 튼튼한 걸로 만들어 달라구!

고양이와 실
실 먹는 고양이와
작업실 같이 쓰기

by 수리

뜨개질을 하다 보니 실이 계속해서 쌓여갔다. 집에서는 안 보이는 곳에 쌓아놓아야 하던 실을 작업실에서는 트레이에 올려두고 손 닿는 대로 쓸 수 있어 좋았다. 그러나 앙꼬가 작업실에 온 후에는 서랍장을 구해 꼭꼭 넣어둘 수밖에 없었다.

고양이와 실,
평화로운 그림에서 보았던 것만 같은 이 조합이 만났을 때 발생하던 끝없는 사건사고란….

앙꼬가 제일 좋아하는 실은 샤무드 끈이라 가끔 꺼내서 놀아주기도 한다. 프리마켓에 나가려고 만드는 행잉플랜트에 샤무드 끈으로 리본을 묶어 마무리하는데 앙꼬는 샤무드 끈의 부드러운 재질이 좋은가 보다. 처음엔 이유도 모른 채 작업대에 걸어둔 행잉플랜트의 샤무드 끈이 짧아지네? 하고 이상하다고 생각하기를 여러 번. 나중에 보니 앙꼬가 그걸 야무지게 먹고 있던 거였다.
뜨개질을 하고 있으면 그 실을 잡으려고 달려들고, 입으로 가져가서 잘근잘근 씹다가 끊어버리고, 작업실에 며칠 후에 와보면 트레이의 실이 바닥에 엉킨 채 뒹굴고 있었다. 어느 날은 헤어볼을 토한 것 같기에 치우려고 봤더니 어디서 많이 본 실이 거기에 포함되어 있지를 않나, 또 어느 날은 엉덩이에 뭐가 덜렁거리는 것 같아 묻은 거 떼어주려고 했더니 또 어디서 많이 본 실이 대롱대롱….
(다행히 다음 배변활동에 무사히 빠져나왔다.)

고양이가 아무리 자기 털을 많이 먹는다 해도 실을 그렇게 많이 먹는 건 위험할 수 있어 이제는 앙꼬가 먹을만한 실은 다 서랍장이나 수납박스 안에 넣어둔다. 나중에 들어보니 미싱실같이 얇은 실은 잘못 먹으면 배 속에서 꼬여서 탈이 날 수도 있다고 해서 더더욱 조심하려 한다.

고양이가 (괴롭히고 먹기) 좋아하는 실과 식물로 계속 작업을 하고 있는 내가 앙꼬에게 못 된 짓을 하고 있는 것은 아닌지, 걱정이 되기도 한다. 그래도 앙꼬에게 이런저런 소품을 만들어 줄 때 뜨개질 재주가 뿌듯하긴 한 걸 보면 앞으로도 작업은 계속할 것 같다. 아기태를 벗어난 앙꼬도 예전만큼 실에 달려들지 않는다. 우리의 작업실 셰어는 일단 지속 가능한 것으로!

심심작업실의 뮤즈는 나야나
언니야들 그림 속의 앙꼬

by 앙꼬

사각사각사각.

자고 있는데 사각거리는 소리가 들려.

스윽스윽스윽.

종이 위에 물감 지나가는 소리가 들려.

앙꼬가 아기였을 때

가벼운 몸을 뽐내며 자고 있을 때

언니야들은 앙꼬를 열심히 그려줬어.

동그랗게 몸을 말고 있을 때,

흰 배를 드러내며 쭉 뻗을 때,

닭다리 같은 뒷다리를 드러내고 잘 때,

그때마다 언니야들은 "꺄아 너무 귀여워" 소리 지르며 그림을 그렸지.

이상하게 심심작업실에는 그림 잘 그리는 언니야들이 많은 거야,

그래서 앙꼬가 시도 때도 없이 모델이 되어줬지.

언니 친구들이 처음으로 작업실에 놀러 와서도,

비앤비 손님이 왔을 때도 앙꼬를 그린다니까. 후훗

여기 오면 "앙꼬를 그려라~~"하는 주문 같은 게 들리나 봐.

맨날 먹물로 그림 그리는 개구리언니야는

처음 앙꼬를 보자마자 막 펜이 움직여졌대.

그래서 쉭쉭 손을 움직여서 그림을 그리고 엽서로도 만들었어.

이 엽서에는 앙꼬 말고 과일, 빵이랑 가오나시 인형도 있는데

눈 크게 뜨고 잘 찾아봐봐.

신중언니야가 만든 앙꼬 달력도 있어!

컴퓨터로 스윽스윽 만들었는데 크리스마스 특집이라나??

12월 이라서 울고 있다고 했는데 앙꼬는 12월도 슬프지 않아!

앙꼬는 색연필이 종이에서 사각사각 굴러가는 게 너무 재밌어.
맨날 색연필언니야가 색연필로 그림 그릴 때 색연필 잡기 놀이를 하지.
색연필언니야는 그럼 또 너무너무 좋아해.
언니야가 색연필로 그려준 앙꼬 너무 사랑스럽지.

인기쟁이 언니야 덕에 앙꼬도 유명인사가 됐어!
인기쟁이 언니야는 인스타그램에서 친구가 많거든!
언니야가 거기에 앙꼬 그림을 그려서 앙꼬도 인기쟁이가 됐지 뭐야!
언니야가 앙꼬 자는 모습으로 책을 만들고 스티커도 만들었어.
"앙꼬 자?" 책이 인기가 많아서 언니야가 기분이 좋아졌대.
그래서 츄르랑 간식을 이따만큼 사 와서 앙꼬도 기분이 최고야!

이 앙꼬가 어찌나 매력적인지 앙꼬를 그린 그림이 자꾸자꾸만 나와!
앙꼬 그림 대회를 열어야겠어.
언니 오빠야들도 참여할래?

놀러와요, 심심장
심심작업실에서 열린
첫 번째 프리마켓

by 양꼬

지난 번에 우리 언니야들 그림솜씨 감상 잘 했지?
솜씨 좋은 언니야들이 그동안 그리고 만든 걸 가지고
프리마켓이란 걸 열기로 했대.
그 이름은 바로바로 '심심장'!
심심작업실에서 열리는 작은 마켓이라는 뜻이라나,

심심장 하는 날엔 비가 와버렸지 뭐야,
아침부터 하늘이 꾸물꾸물하더니
좀 지나니깐 비가 후두둑후두둑 내렸어.
언니야들도 아무도 안 올까봐 걱정을 많이 했는데 이게 웬걸!
작은 골목길에 사람들이 오기 시작했어.
언니야들 얼굴에도 웃음꽃이 활짝!

사람들은 우리 심심작업실을 구경하고 좋아했어!
앙꼬 엽서도 사고, 앙꼬 책도 사고,
행잉플랜트도 사고, 반지도 사고,
지갑을 자꾸자꾸 열어서 언니야들은 더 신났어.

앙꼬는 뭐 했냐고? 2층에서 다 보고 있었드아!
그림이랑 사진으로만 보던 앙꼬를
직접 보고 싶다고 한 손님들도 있었거든,
그래서 앙꼬는 2층에서 귀빈맞이!

다들 앙꼬의 귀여움에 흐물흐물 녹아서 돌아갔다고 해.

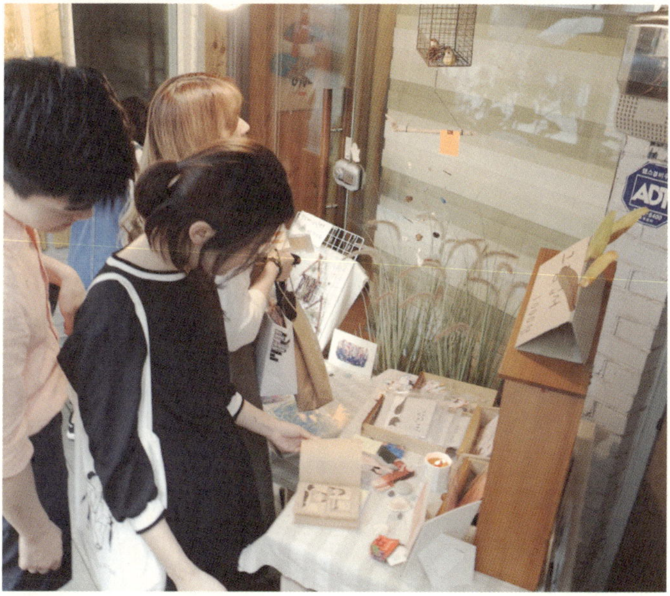
ADT

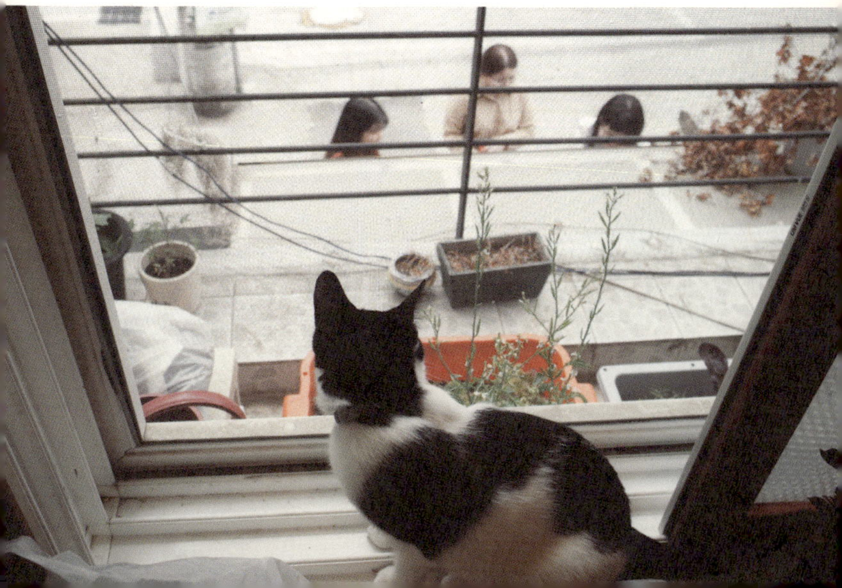

고양이라는 소재
작업실에
고양이가 있으니
소재 떨어질 걱정은 없겠다

by 수리

고양이를 키우기 전에는 몰랐다. 왜 그렇게 고양이 사진이 SNS에 넘치게 올라오고, 고양이를 소재로 한 그림이나 글이 많은 것인지.
함께 해보니 알 것만 같다. 그림을 잘 그리지 않는 나도 낙서 타임이 오면 나도 모르게 앙꼬를 그리고 있으니, 그림을 업으로 삼고 있는 작업실 친구들은 오죽할까.
수많은 앙꼬 그림이, 그림에 담긴 앙꼬 이야기가 작업실에 쌓여간다.

작업실에서 만나는 사람마다 다른 이미지로 남아있을 앙꼬. 앙꼬는 이제 심심작업실의 대표 이미지이다. (이미 앙꼬는 자기가 이 공간의 대표라고 생각하고 있을 거다. 밖에 있을 때 창문을 닫으려고 하면 신경질을 내면서 웅앵웅앵거린다. 내 집인데 왜 문 닫냐고….) 작업실에 고양이가 있다고 하면 다들 호감을 가지기 시작하고, 작업실 이야기를 할 때도 앙꼬가 작업실에서 어떤 만행을 벌이는지 이야기를 하다 보면 이야기가 끊기지 않는다. 심심작업실 이야기를 이렇게 길게 쓸 수 있는 것도 앙꼬가 있기 때문이다. 앙꼬를 보러 놀러 오는 친구들도 많아서 간식도 선물도 자주 받는다. 다들 다시 태어나면 앙꼬로 태어나고 싶다고 할 정도로 앙꼬 팔자가 좋다.
밥이랑 물 꼬박꼬박 채워져 있고, 가끔 (아니 자주) 츄르도 먹고, 보는 사람마다 귀엽다고 예뻐해 주고, 나가고 싶을 땐 언제든지 밖에 나가서 바람 쐬고 놀다 오고, 작업실 들어와서는 꿀잠자는 앙꼬 팔자여…. 앙꼬 인스타도 있고 앙꼬 엽서도 있고 앙꼬 스티커도 있다.

앙꼬 작업물은 작업실 멤버들 각각의 모습과 목소리를 담고 있다. 각자의 시선에 따라 누구는 동그랗게, 누구는 부드럽게, 누구는 앙칼지게 표현하는 걸 보면 창작물은 다 주인을 닮는구나 싶다. 나 역시도 작업실 일기를 쓰다 보면 앙꼬의 목소리를 빌어 하고 싶은 말들을 하게 된다.

앙꼬, 우리의 목소리와 얼굴이 되어 줘서 고마워!

프리마켓은 회사원인 내가 창작자가 된다면 꼭 해보고 싶던 것 중의 하나였다. 작업실을 시작하고, 이전과는 다른 작업들을 하나 둘 시도해 보게 되고, 재주 좋은 다른 친구들을 만나고, 그리고 앙꼬가 있어 프리마켓을 도전할 수 있었다.

다른 곳에서 주최하는 프리마켓이나, 친구가 열었던 프리마켓에 몇 번 나가 봤지만, 그래도 제일 재미있었던 프리마켓은 작업실 앞에서 무작정 벌인 심심장이다. 조용하고 작은 이 골목에, 사람들이 찾아오기는 할까, 그날따라 아침부터 흐리더니 비가 내리기 시작해서 한 명이라도 와줄까 걱정이었는데, 생각보다 많은 사람이 찾아와줘서 놀랄 수밖에 없었다. 오래 전부터 일러스트를 그려 인스타그램 팔로워가 많은 친구의 홍보가 한 몫 했고, 그리고 앙꼬를 직접 볼 수 있다는 점 때문에도 꽤 많은 사람이 방문했다. 사진으로만 보던, 그림 속에만 있던 앙꼬를 한 번이라도 보고싶다고 말하던 친구들이 꽤 있었는데 이 기회에 방문해준 것이다. 프리마켓이 아니라 사실은 앙꼬의 팬미팅 현장…. 다들 생각보다 묵직한 앙꼬의 몸집에 놀라기는 했지만 앙꼬는 낯가리고

숨는 타입이 아닌 지라 손님 맞이를 잘 해주었다.

앙꼬는 작업실에서 맛있는 거 먹고, 잠 편히 자면서 작업실 멤버들의 사랑을 무한히 받고, 우리는 앙꼬를 그리고 만들어서 프리마켓을 열고. 이것이 바로 서로윈윈의 작업실 셰어가 아니겠는가.

앙꼬의 스트릿 친구들을 소개하지
친구 많은
앙꼬의 이중생활

by 앙꼬

앙꼬가 맨날 잠만 잔다고 하는 언니야가 있는데 사실 앙꼬는 참 바빠.
심심작업실에서 언니들이랑도 놀아줘야하고
밖에 나가서 친구들하고도 놀아줘야 하거든.
누군 앙꼬 보고 이중생활을 한다고 하는데
그것도 다 능력이 있어야 가능한 거 아니겠어!

언니야들이랑 작업실에서 인사하고 츄르 좀 받아먹으면
이제 슬슬 나갈 시간이야,
언니야들이 안 보는 사이에 창문을 속속 열고
오늘도 바깥 친구들 인사하러 나가볼까?!
언니들 몰래 내 스트릿 친구들 만나볼래??

저기 부엌 창문에 온 친구가 보이지?
누굴 놀라게 하기보다는 스스로 잘 놀라는 친구 '쫄보'야.
지난 여름부터 앙꼬랑 제일 자주 만났어!
언니야들이 다가가기만하면 소스라치게 놀라서 도망가긴 했지만.,
나중에는 언니야들 옆에서 밥도 잘 먹고 편해졌는지
낮잠도 자고 가더라구.
그치만 귀엽다고 쓰다듬으려고 하면 야무지게 냥펀치를 날렸어.

쫄보는 처음엔 앙꼬한테도 엄청 하악질하더라구.
앙꼬의 앙칼진 성질을 모르는 것 같길래
나도 작업실에서 으르렁 거렸지.
밥 먹으러 작업실 근처에 오는 것 같기만 하면 앙꼬도 으르렁 거렸어.

그러던 어느 날 앙꼬 산책하러 나가던 길에 쫄보를 만났어.
밖에서 만나보니까 사실 순둥이더라구.
맨날 앞발을 아주 공손히 모으고 있어.
스트릿생활을 오래하다보니 경계심이 많아진 것 뿐이래.
여기 언니야들이 밥도 잘 챙겨주고 물도 챙겨줘서 고맙다고 하더라구.

하도 점잖게 밥만 먹고 조용히 가서
언니야들이 '어르신'이라고 부르는 친구도 있어.
어르신은 어찌나 조용한 지,
앙꼬도 가끔 작업실에 온 걸 못 알아챈 적도 있다니깐?
와드득 사료 깨무는 소리를 듣고 그 때서야 어르신이 왔구나 했지.
어르신은 걸을 때도 아주 조용조용,
그리고 항상 조용한 밤에만 살짝 들렀다 갔어.
앙꼬는 창문에서 언니들이랑 어르신 밥 먹는거 구경하곤 했지.
어르신은 잠깐만 왔다가 이제 안보이더라구,
더 좋은 동네로 찾아 갔겠지??

짧고 강렬했던 내 남자친구, '양아치'도 소개할게.

내가 이 친구 보러 맨날 밤마다 밖에 나가니까
언니야들이 앙꼬 바람 났다고 붙여준 별명이야.
사실 양아치는 내가 언니야들 몰래 작업실에도 초대했지.
다른 친구들도 들어와서 밥 먹고 가라고 내가 몇 번이나 초대했는데
다들 무섭다고 못 들어왔거든.
그런데 양아치는 내 초대에 덥썩 응해준거야.
밤에는 언니야들 없으니까 와도 된다고 했더니
양아치는 좋아하면서 들어오더라구.
둘이 밥 먹고 있다가 작업실에 온 언니야 보고
양아치는 소스라치게 놀라서 도망가긴 했어.

우리는 밤마다 지붕위를 뛰어 다니면서 신나게 놀았지.
양아치가 들려주는 먼 동네 이야기에 솔깃한 적도 있어서
멀리 그 동네까지 간 적도 있어.
그 때 언니야들이 앙꼬 바람나서 이제 집에 안 들어온다고
슬퍼했다고 하더라고.
앙꼬가 양아치 따라 멀리까지 가줬는데
사실 알고봤더니 그 동네에 나 말고 다른 여자친구가 또 있는거야,
그래서 앙꼬는 뒤도 안 돌아보고 작업실로 돌아왔어.

양아치는 사실 내가 본 고양이 중에 제일 잘 생겼어.
앙꼬가 여자친구 해주려고 했더니만.
쯧쯧쯧, 자기 복을 자기가 찬 거라니깐?!

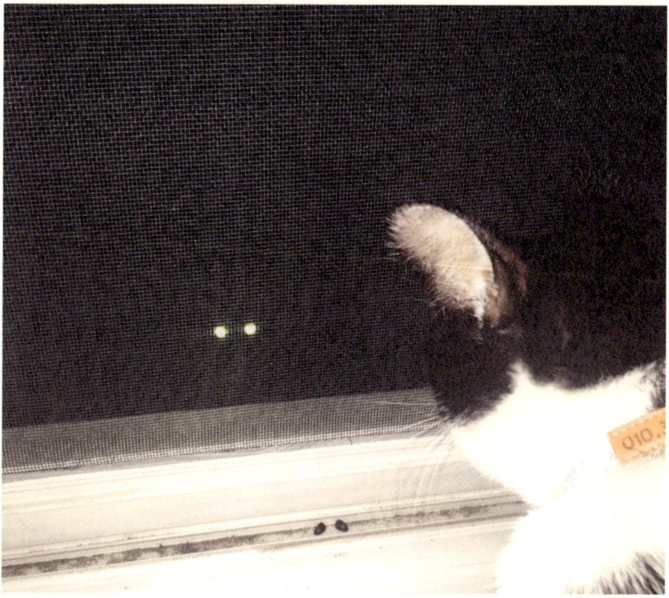

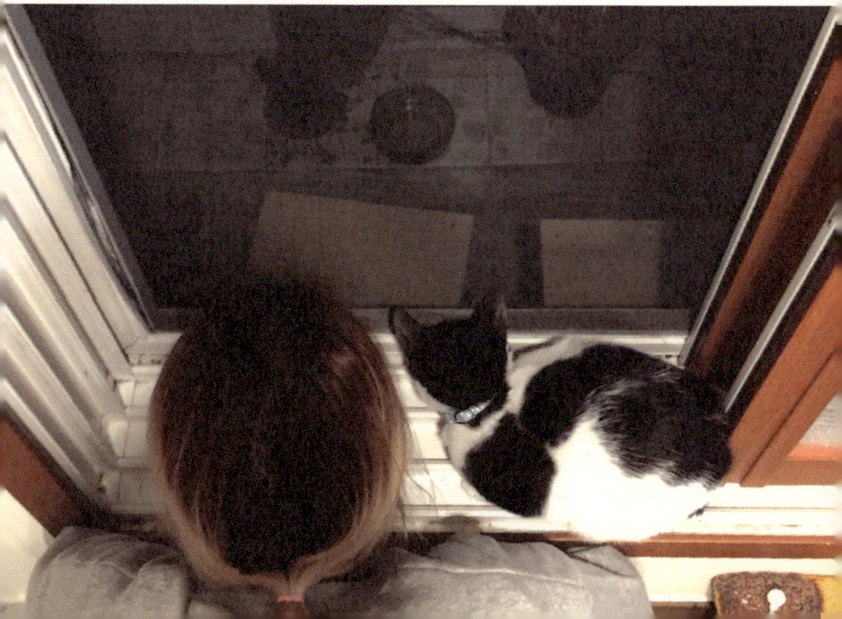

쫄보야 잘 지내니,
작업실에 놀러 오던
길고양이 친구

by 수리

앙꼬를 작업실에서 키우게 되면서 자연스레 다른 길고양이에게도 관심이 가게 되었다. 다행히 작업실 동네는 고양이를 좋아하는 사람들이 많이 살고 있어 길고양이들이 꽤나 풍족하게 살고 있는 걸 볼 수 있었다. 곳곳에 사료통과 물통이 놓여 있고, 술집에서 손님이 옆에 와도 느긋하게 자기 자리에서 식빵 굽는 친구, 전용 사료통과 물통이 식당 앞자리에 마련되어 있는 친구 등등 다른 곳보다는 확실히 길고양이들의 생활이 나아 보였다.

작업실 주변에는 사실 동물이 많다. 바로 건너편에 동물보호시민단체 카라가 있어 그런 걸까, 옆집에는 나이를 구수하게 먹은 골든 리트리버도 있고, 이상하게 비둘기가 참 많이 돌아다닌다. 길고양이도 주변에 보이기에 앙꼬의 식사를 조금씩 나누어 테라스 앞에 놓아두기 시작했다. 처음에는 비둘기가 먹는 건지 고양이가 먹는 건지 알 수 없게 조금씩 없어지더니만 좀 지나 익숙해지니 하나둘씩 얼굴을 내비쳤다.

평일 낮에는 회사에 있는 터라 나는 다른 길냥이 친구들을 많이 볼 수는 없었지만 그래도 제일 자주, 오래 본 친구가 바로 쫄보다. 얼굴은 아주 성깔 있게 생겨가지고는 경계심이 어찌나 많은지 앙꼬가 채터링을 시작해서 창문으로 보러 가면 쏜살같이 사라져 있기 일쑤였다. 그래서 우리가 부르는 이름도 '쫄보'다. 사람이 보이면 처음엔 보이지 않는 저 먼 곳으로 도망가더니, 몇 번 지나고선 도망은 가지만 보이는 어디 구석에, 나중엔 옆에 서 있어도 먹이는 먹는 정도로 경계를 풀었다.

이제 우리 친해졌나 봐, 싶어서 한 번 쓰다듬으려고 손을 가져가면 어찌나 야무지게 냥펀치를 날려대는지. 야생에 사는 고양이의 냥펀치는 처음 맞아봤는데 발톱까지 세우고 탁 때리면 손에 금방 상처가 나기 일쑤였다.

길냥이의 삶은 고달프긴 한 건지 가끔은 쫄보의 얼굴에도 상처가 나 있는 채로 밥을 먹으러 오곤 했다. 상처가 가끔 보여도 어디가 크게 아파 보이진 않았는데, 지난 겨울까지는 가끔 얼굴을 비치다가 한 동안 쫄보가 보이지 않았다. 가끔 채워놓는 사료는 줄어들긴 해도 쫄보는 안 보이기에 잘 지내려나 싶었는데, 얼마 전 작업실 친구에게 쫄보를 보았다는 얘기를 들었다. 봄이라 텃밭상자에 씨앗을 뿌리고 새싹이 나기를 기다리던 어느 날, 뭔가 그 위에 올라가 있는 것이 보여 다가갔더니 쫄보였다는 거다. 그것도 상자라고 거기에 들어가 얼굴을 걸치고 있는 게 웃겨서 가까이 가보니 얼굴에는 상처가 한가득, 코 주위가 한껏 부은 채로 친구를 쳐다봤단다. 많이 아파 보여서 건너편에 있는 카라에 가서 구조할 수 있냐고 물어봤더니 구조는 할 수 있지만 책임을 지고 데려갈 수 있는 고양이만 구조를 해 준다는 이야기에 고민만 하다 돌아왔다고. 그 이후 쫄보는 다시 보이지 않는다.

그 때 우리가 좀 더 적극적으로 구조 계획을 잡았어야 하는 걸까, 혹시 마지막 인사를 하러 온 건 아니겠지, 라고 지나고 보니 이런저런 생각이 들고 미안한 마음이 자꾸만 올라오는 것이다. 얼굴을 서로 익히고, 조금은 거리가 가까워진 친구가 어느 날 갑자기 보이지 않게 되어 아쉬운 마음이 드는 건, 사람 친구든 고양

이 친구든 마찬가지다. 그저 지내는 동안 최고로 자유롭게, 최고로 당당하게, 그렇게 살아가기를 바라는 것뿐….

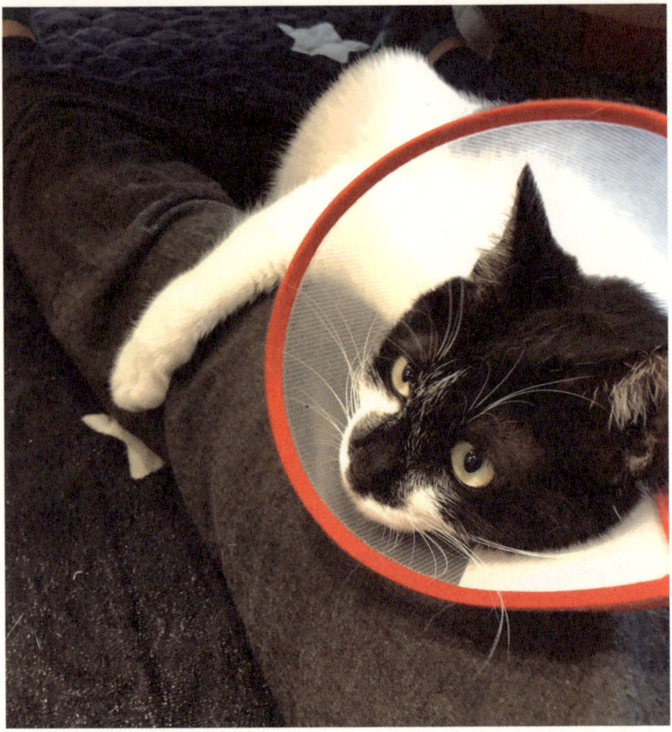

마리 앙꼬아네트

앙꼬에게 넥카라를 씌우지 말라!

by 앙꼬

여느 때와 같이 산책을 하고 들어온 날이었어.

바닥에서 한 번 뒹굴,

풀숲에서도 한 번 뒹굴,

길고양이 친구들하고도 한참을 놀고 작업실에 돌아와서 쿨쿨 잠들었어.

"으악, 앙꼬야 여기 왜 이래?!"

언니야들이 소리를 질러대는 통에 앙꼬는 더 잠을 잘 수가 없었어.

분명 어제까지는 멀쩡했는데 내 턱밑에 털이 다 없어져버린 거 있지?

언니야들은 하루 만에 이게 무슨 일이냐며 왔다 갔다 분주했어.

그리고는 앙꼬가 제일 싫어하는 어두운 이동가방에 날 넣고

병원으로 향했지.

의사 선생님이 내 턱을 요리조리 보고는

검사를 해야 한다며 날 무서운 방으로 데려갔어.

내 몸을 함부로 만져대길래 앙꼬는 힘껏 의사 선생님 팔목을 물어버렸지,

숙녀 몸을 소중하게 다뤄달라고요!

의사 선생님이 앙꼬 턱밑이 벗겨진 건 '링웜'이라는 곰팡이 때문이래.

고양이들이 잘 걸리는 거라면서

일주일간 약 먹고 턱 밑은 절대 긁지 말라고 하시는 거야 글쎄,

그 날부터 앙꼬의 넥카라 나날들이 시작되었어.

넥카라를 쓰면 윤기 나는 털을 위해 그루밍도 할 수 없으니까

여간 불편한 게 아니야,

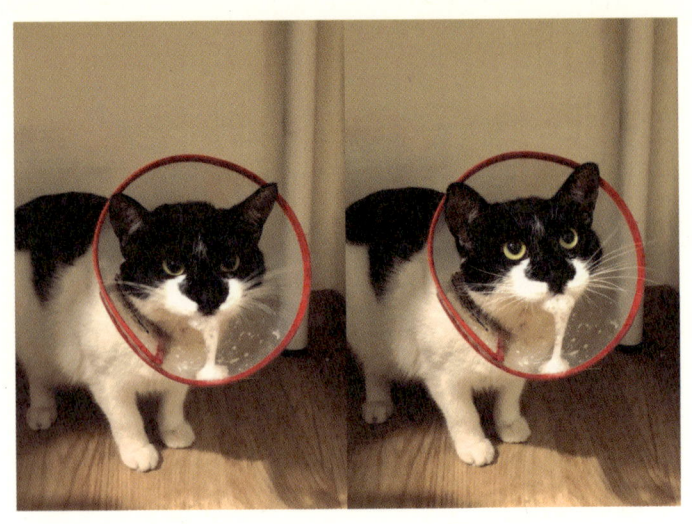

그뿐인가, 창문 열고 밖으로 나갈 수도 없으니 정말 답답 그 자체!
쓰디쓴 약을 먹으면 난 알 수 없이 쉴 새 없이 침이 나와.
이렇게 맛없는 걸 대체 왜 먹이는 거야?
내가 약 먹고 넥카라에 침을 줄줄 흘리고 있었더니,
언니들이 또 깔깔깔 웃어댔어.
나는 괴로워 죽겠는데, 언니야들 너무해!
플라스틱 넥카라가 딱딱해서 괴로웠는데,
색연필 언니야가 부들부들 천으로 된 넥카라를 선물해줬어!
언니야들 이럴 땐 상냥해!
그런데 새로운 넥카라를 씌우더니
"마리 앙뚜아네뜨" 같다면서 막 좋아하는 거 있지?

마리 앙뚜아네뜨가 아니라 마리 '앙꼬'아네뜨라고 불러줘!

행복하자, 아프지 말고
네가 아프면 나도 아파

by 수리

길고양이를 데려와 키우게 되면 모든 환경이 길에서보다 훨씬 좋아지지만 한 가지 고민하게 되는 점이 있다. 그동안 자유롭게 이곳저곳을 다니던 고양이를 집이라는 작은 공간 안에서만 지내게 해야 한다는 것. 그런 점에서 앙꼬는 운이 좋은 편이다. 물과 먹이, 그리고 간식이 가득한 작업실이라는 공간이 있고, 원할 때에는 밖에 나가서 콧바람도 쐬고, 일광욕도 하고, 다른 고양이들과 놀 수도 있는 산책냥이기 때문이다.

산책냥이 된 앙꼬를 보며 가장 걱정이 되는 것 두 가지. '바깥이 너무 좋아서 영영 안 들어오면 어쩌지?' 산책을 나갔다가 몇 시간이 되어도 돌아오지 않는 앙꼬를 기다리다 보면 스멀스멀 올라오는 생각이다. 그리고 다른 한 가지는 바깥에 나가서 다쳐올지도 모른다는 것.

밖으로 나가는 앙꼬 목에 카메라를 채워보고 싶을 정도로 바깥 생활을 하는 앙꼬에 대해서는 아는 바가 없다. 한참을 뒹굴었는지 몸에 한 가득 먼지 냄새를 묻혀 오고, 새로 바른 페인트에 발도장을 찍고 오기도 하고, 다른 고양이와 싸우다가 상처를 얻고 돌아오기도 한다. 한 번은 다른 때와 다르게 발 밑에서 하루 종일 잠만 자고 있길래 무슨 일인가 하고 봤더니 싸워서 다친 상처가 발에 나 있었다. 이러다 보니 산책을 마치고 "구루룩" 하고 들어오는 앙꼬 몸을 닦아주며 상처는 없는지 매번 살펴보게 된다.

지난 여름엔 '링웜'에 갑자기 걸려서 턱 밑 털이 홀라당 벗겨져 있었다. 그간 밖에 매일 나가도 피부병은 걸리지 않던 앙꼬였는데 멀쩡하던 턱이 정말 하루 만에 링웜 곰팡이의 공격을 받은 것이다. 병원에 가서 링웜 진단을 받고, 넥카라와 약을 복용해야 하는 날들이 시작되었다. 처음엔 넥카라를 하고도 얌전히 지내더니만, 며칠 지나지 않아 넥카라를 쓴 채로 창문을 열려고 하질 않나, 작업실 문이 열린 틈을 타서 탈출을 시도하곤 했다. 넥카라를 하도 오래 쓰고 있는 것이 안쓰러워 잠시 넥카라를 빼준 사이에 탈출해 버린 앙꼬는, 저 멀리 도망가서 내 눈을 쳐다보며 턱을 긁어댔다. 아직 상처가 아물지도 않았는데, 흙먼지 묻은 발로 턱을 긁어대는 앙꼬를 보며 '아악' 소리를 질렀다. 잡으러 가도 손에는 안 잡히면서 눈에는 보이는 자리로만 도망을 치더니만…. 그리고는 한참 후에 아무 일도 없었다는 듯이 들어와 채워주는 넥카라를 군말 없이 받아들였다.

그래도 앙꼬가 매일 밖에 나갔다 오는 것에 비해 건강한 편이라 다행이다. 배가 뽈똑 나와서 약간의 비만이 있지만 전반적으로 이상 없이 건강하다는 건강검진 결과를 듣고 작업실 식구들 모두 안심했다. 밖에서 얼마나 에너지를 소비하고 오는지 들어와서는 잠만 자고, 항상 앉아있는 것보다 누워있는 것을 선호하는 앙꼬.
아프지 말고 오래오래 건강하자!

내 방에
모르는 사람이 자꾸 와
갑자기 들이닥친
에어비앤비 손님

by 양꼬

앙꼬를 처음 본 다음 날
언니야는 심심작업실 작은 방으로 날 데려갔어.

낯설고 무서워서 앙꼬는 그 방에서 으앙으앙 울었어.
화판 뒤로 들어가고 요가매트 속으로도 숨어 들어갔어.
며칠을 큰 소리로 울다가 어느 날
요가매트 밖으로 나와서 방을 둘러보니 내 맘에 쏙 드는 거야.
혼자 구석구석 돌아다니고 인형 옆에서 잠도 자고,
내 방이니까 쉬야도 해서 영역표시도 했어.
언니야들도 앙꼬 보러 내 방에 놀러 왔지.

그러던 어느 날 갑자기 날 내 방에서 내보내더니
문을 닫아버리지 뭐야,
내 화장실이랑 밥도 그 방에서 치워버리고는
폭신한 이불이랑 옷걸이를 방에 가져왔어.
엄청 큰 소리가 나는 청소기를 가져오더니
앙꼬 털이랑 냄새도 다 없애버리고….

그 다음부터 모르는 사람들이 내 방에 오기 시작했어.
언니야들이 에어비앤비라는 걸 시작했대.
난생처음 보는 노랑머리 언니가 와서는
몇 날 며칠을 계속 그 방에서 사는 거야.
그 언니가 가니까 또 다른 언니가 오고.
내 짐은 거실로 옮겨져서 난 더 이상 내 방을 쓸 수 없게 되어버렸지.
이럴 수가…!

화가 난 앙꼬는 내 방 문틈이 열린 틈을 타서 쏙 들어갔어.
내 방을 되찾기 위해 난 이불에 쉬야를 했어.
언니야들은 "으악" 소리를 지르며 싫어했지.
으헤헤 이제 앙꼬 방 돌려주려나? 했지만 이게 웬걸,

앙꼬 엉덩이를 때리면서 이불을 다시 가져가서는 새로 빨래를 해오고 처음보는 언니야한테 미안하다고 하는 거야.
앙꼬는 이해할 수 없었지.
앙꼬가 모르는 저 언니야가 내 방을 차지했는데….
내 방이라고 내가 표시도 해놨는데… 왜… 왜!

이후에도 앙꼬는 틈만 나면 이불에 쉬야아아아~를 했지만 그 방은 다시 앙꼬가 되찾지 못했어.
그리고 새로운 언니야들은 계속해서 내 방에 와서 자고 가더라고.
어쩌다 보니 나도 새로운 언니야들이랑 친하게 지내고 있어.
이 언니야들은 밤에도 나랑 같이 작업실에 있으니깐.

아침에 눈을 떠도 누군가 작업실에 있어서 앙꼬는 조금 기뻐.

앙꼬는
심심작업실 호스트!
고양이가 있는
에어비앤비 어떠세요?

by 수리

작업실엔 방이 세 개 있다. 나와 디자이너 친구가 작은 방을 쓰고, 큰 방을 네 명이서 나눠쓴다. 그리고 남은 한 방을 쉬는방 겸 창고용으로 쓰다가 전기세라도 벌어볼까 싶어서 에어비앤비를 시작했다.

처음에는 원래 쉬는 방이니까 손님이 들어와서 쓰면 작업실 운영비도 생기고 쉬는 날엔 우리가 쓰면 되니까, 라고 아주 가벼운 마음이었다. 에어비앤비의 손님으로 묵어본 적은 있지만, 과연 손님이 우리 작업실을 예약할까? 싶은 생각이 먼저였기 때문이다.

기대 반, 의심 반으로 에어비앤비 사이트에 숙소를 등록한 지 얼마 지나지 않아 첫 손님이 예약했다. 독일친구였던 크리스티나의 첫 예약을 시작으로, 작업실 손님방은 오랫동안 비는 일 없이 계속해서 손님들이 머물다 갔다.

작고 오래된 주택일 뿐인데 작업실에 너무나 많은 사람이 함께 쓰는 것 같아 보일지 모른다. 그렇지만 의외로 모든 사람이 한 공간에 함께 머무는 일이 자주 생기지는 않는다. 모두의 생활 패턴이 다르고, 작업실을 사용하는 시간이 제각각이다 보니, 약속을 해야 다같이 한 자리에 모이는 정도다. 가장 성실한 일명 먹물언니는 매일같이 와서 저녁 늦게까지 그림을 그리고, 웹소설을 쓰는 친구는 평일 낮시간에만 와서 집중 근무를 하고, 나를 포함 나머지 친구들은 대중없이 시간 될 때 작업실로 온다. 그러다보니 손님과 마주칠 일이 생각보다 적다. 짧게 머무르는 손님과는 아예 얼굴도 보지 못한 채 떠나보내기도 하고, 다른 친구들하고만 얼굴 몇 번 보고 가기도 한다. 모두와 시간이 잘 맞을 땐 저녁도 같이 먹고, 치맥도 함께 하고, 프리마켓에 같이 나가거나 요가도 함께 하기도 한다.

앙꼬는 다른 고양이들에 비해 새로운 사람에 대한 경계가 적은 편이라 에어비앤비를 시작할 수 있었다. 아가였을 때부터 작업실에서 많은 사람들을 만나 버릇 하다보니 새로운 사람을 덜 무서워 하는 것 같다. 아참, 그리고 손님은 Ony Women만 받다보니 앙꼬가 덜 낯설어 하는지도! (택배 배달원이나 수리 기사 남자분이 오면 몸을 낮추고 "우르르르르"하고 경계한다.)

그치만 앙꼬는 예전에 그 방에 있었던 기억 때문인지 곧잘 손님 침대에 오줌을 싸곤 했다. 손님이 깜빡 잊고 문을 살짝 열어두면 그 사이로 쪼르르 달려들어가 오줌을 싸고는 아무일도 없었다는 듯이 그루밍을 했다. 초반에 왔던 중국 손님은 유난히 문을 잘 열어두었는데, 4일 밖에 묵지 않았는데도 솜이불 빨래를 두 번이나 해야 했다. 기분이 나빠 나쁜 평점을 주면 어쩌나 했는데, 앙꼬의 귀여움 때문인지 다행히 평점 테러는 면했다.

이제는 비앤비를 시작한 지 2년 정도 되어 가는데도, 아직도 앙꼬는 종종 오줌을 싸곤 한다. 처음엔 자기 방을 빼앗긴 데 대한 복수였다면, 이제는 본인이 마음에 들지 않는 손님이 올 때 오줌을 싸는 것이 아닌가 싶다. 예민한 고양이 특성상 자기를 예뻐해주고 좋아해줄 사람인지 아닌지를 단 번에 파악하는 것이 아닐까. 어떤 사람은 문을 잘 닫는데도 기어코 들어가 오줌을 싸는가 하면, 어떤 사람은 문을 열어놔도 방에 들어가지 않다가 손님이 밖으로 나오면 야옹거리며 친한 척 부비부비하며 다가간다.

오줌 싸는 앙꼬 말고, 손님으로서 또 하나 곤란한 일이 있다면 그건 탈출하는 앙꼬다. 밖을 나가려고 할 때나 작업실에 들어오려고 할 때 문이 열리는 순간을 기가 막히게 알아서, 그리고 손님은 작업실 친구들 보다 방심하고 문을 연다는 걸 너무나 잘 알아서, 그 때를 캐치해 앙꼬는 밖으로 돌진한다. 앙꼬가 처음에 밖에 나가면 손님들은 본인 때문에 앙꼬가 밖에 나가버린 것 같아 미안해 하며, 또 화들짝 놀라 메세지를 보내온다. 그럴 땐 침착하게 "부엌 창문을 열어놓으면 알아서 들어와요."라고 메세지를 보낸다.

앙꼬가 있어서 우리 작업실을 숙소로 선택하는 손님도 있을 정도니, 앙꼬도 호스트로서의 역할을 톡톡히 하고 있다. 고양이를 키우지는 않지만 고양이가 좋아서 여기를 선택한 손님, 집에 고양이를 키우고 있어서 고양이가 있는 숙소를 선택한 손님, 모두 고양이로 하나되는 순간이다. 앙꼬 만세!

Very clever cat, Aangkko
제멋대로지만
사랑스러운 고양이 앙꼬

by 수리

어느 날, 심심작업실에서 두 달을 묵어가는 핀란드 친구 Hilla에게 메세지가 왔다.

안녕하세요!

Just letting you know, that we didn't let Aangkko go out ysterday, so she must have been mad at us and she was restless at night. Around 2am she knocked on my door, went straight to the window, opened it and jumped out :D She's a very clever cat <3

2018년 6월 19일 · 모바일 기기에서 전송됨
· Hilla

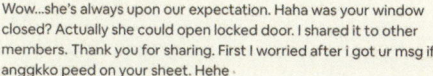

안녕하세요 :)
Wow...she's always upon our expectation. Haha was your window closed? Actually she could open locked door. I shared it to other members. Thank you for sharing. First I worried after i got ur msg if anggkko peed on your sheet. Hehe

Have a nice day!!

2018년 6월 19일

Haha, no peeing so far. Yes, the window was closed. She opened it with no hesitation. I woke up again when she jumped in at 6am and then she slept the whole day. She's so funny.

Have a nice day! :)

2018년 6월 20일 · 모바일 기기에서 전송됨
· Hilla

"어제 있었던 일 얘기해주고 싶어서요,
어제 하루종일 앙꼬를 밖에 못 나가게 했더니 앙꼬가 뿔났었나봐요,
새벽 2시쯤에 내 방문을 노크하더니,
창문으로 바로 달려와서는 점프해서 창문을 열고 나가는 거 있죠, :D
앙꼬 진짜 똑똑한 고양이예요!<3

심심 X 앙꼬

창문은 닫혀있었는데, 망설이지도 않고 열고 나갔어요.
새벽 6시에 앙꼬가 다시 뛰어 들어올 때 나도 일어났어요.
그 날은 앙꼬 하루종일 자더라구요. 너무 웃겨요."

앙꼬는 이런 고양이다. 밖에 나가고 싶으면 손님 방문을 두드리고서야도 기어코 나가고 마는, 원하는 것은 해내고야 마는 자주적 고양이. 분명 예전처럼 창문의 잠금장치를 앞발로 쳐서 열 수도 있었을 텐데, 그날은 왜 손님방문을 두드리고 그 방 창문을 통해 나갔던 걸까, 기분따라 나고 드는 창문을 달리하는 것 같다.

손님이 장기 숙박을 하게 되면, 우리와도 시간을 오래 보내지만 앙꼬와는 더 오랜 시간을 보내기에 앙꼬와의 추억이 많이 생긴다. 야작을 하는 친구가 없을 때면 밤에는 손님과 앙꼬 이렇게 둘만 남기 때문에 깊은 관계를 쌓아가기에 안성맞춤이다. Hilla 역시 고양이를 너무나 좋아하는 친구라 앙꼬를 잘 챙겨준다. 새벽에 Hilla 방 창문을 열고 나간 날에도 앙꼬가 언제 들어올까 걱정이되어 깊은 잠을 자지 못했다고 한다. 앙꼬 턱 밑에 곰팡이가 생겨 한창 약을 먹고 깔대기를 하고 있던 때, 또 새벽 2시 밤마실을 나갔을 때에도 동네를 다니며 앙꼬를 찾아봐 주었다.

멀쩡하다가 갑자기 앙꼬 턱 밑에 생긴 곰팡이도 이유를 알 수 없었는데 Hilla 덕에 그 실마리를 찾았다. 그날도 역시 앙꼬는 밤마실을 떠나 있어서 부엌 창문이 열려있었는데, 앙꼬가 들어오는 소리가 들려 ('꾸루룩' 하고 울면서 들어와 '털썩'소리를 내며 본인의 존재감을 드러낸다.) 나와보니 상처가 많이 난 회색 고양이가 밥을 먹고 있었단다. 아마 그 친구에게 옮아온 것이 아닌가 싶다.
밤 동안에 쌓인 깊은 관계? 때문인지 아침에 손님을 보면 앙꼬는 유난히 아양을 떤다. 한껏 귀여운 목소리로 '아앙'하고 울면서 손님 발 밑을 이리저리 부비며 인사한다. 같은 방은 아니더라도 동침하는 사이에게 보내는 친밀함의 표시인 것 같다. 그래서인지 Hilla가 큰 가방을 매고 1박 2일로 전주를 가려고 했더니 큰 소리로 울면서 불안한 듯 이리저리 왔다갔다 했다고 한다. (우리에게는 한 번도 보여주지 않은 모습이다.)

하루에 한 번은 꼭 산책을 다녀와야 직성이 풀리는 자유의지 고양이와 함께 지내야 하는 이 곳 심심작업실. 약간은 느슨하고 프리하게 운영되다 보니 고양이 알러지가 없고, 제멋대로인 고양이를 견딜 수 있는 사람들만 올 수 있는 것 같다. 심심작업실만의 분위기로, 앙꼬와 함께 만들어가는 특별한 공간의 이야기가 계속해서 쌓여간다.

손님에게 받은
앙꼬 팬아트
모두 앙꼬의 매력에
퐁 빠져버렸지!

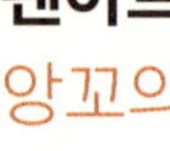

by 앙꼬

모두들 여기 앙꼬가 받은 팬아트를 봐줘!
미국에서 온 킴벌리 언니야가 앙꼬를 잔뜩 그려주고 갔어.
킴벌리 언니야는 한국에서 교환학생으로 한 학기를 있었대.
미국으로 돌아가기 전에 서울을 더 구경하고 싶어서 심심작업실에 왔지.
작업실 언니야들 하고는 시간이 안 맞아서 자주 만나지 못했지만
매일 밤 앙꼬하고는 매일 놀아줬어!
앙꼬가 냐앙냐앙 하니까 이렇게 그림을 그려줬지 뭐야,
앙꼬는 너무너무 마음에 들어!

심심작업실에서 머물다 간 손님들은 다 앙꼬를 좋아했어!
물론 나를 무서워한 언니야도 있었지,
밤마다 우다다 하고 야옹거리니까 무섭다고 메세지까지 보내더라구!
그치만 앙꼬의 매력에 모두들 빠져버렸지!
예술이 넘치는 심심작업실이라 그런지 손님들도 그림을 잘 그렸어.
앙꼬는 언니야들의 모델이 되어 미모를 마구 뽐냈지. 헤헤

작년에 제일 오랫동안 심심작업실에 묵었던 건
독일언니 줄리아 언니였어.
줄리아 언니는 얼굴도 이쁘고 머리도 옆으로 살짝 넘기면서
항상 부드럽게 말하곤 했지.
앙꼬는 줄리아 언니가 오래오래 같이 있어줘서 너무 좋았어.
작업실 언니야들이랑 같이 프리마켓도 나가고 친하게 지내서
내가 다 뿌듯했지 뭐야.
줄리아 언니는 학교를 다니면서 사진을 찍었는데
맨날 커다란 카메라를 두 개씩 가방에 넣어가지고 다녔어.

앙꼬가 방에 들어가도 화 한번 안내고 나를 이쁘게 찍어줬지.

처음이자 마지막으로 '오빠야'가 그려준 앙꼬 그림도 있어.
원래 심심작업실은 언니야들만 올 수 있는데
어느 날 갑자기 디에고 오빠가 신청을 한거야!
언니야들이 깜짝 놀라서 '여긴 남자는 안돼요!' 라고 했대.
알고보니 디에고 오빠는 엄마를 위한 숙소를 찾았던 거래.
오빠야가 미군이라서 밤에는 돌아가야 하니까
그냥 일반 숙소보다는 사람들이 있는 숙소였으면 해서
심심작업실을 찾았다고 하더라구.

TO ALL OF YOU,
I AM SO GLAD THAT YOU DECIDED TO LET ME STAY AT YOUR STUDIO - EVEN FOR SUCH A LONG PERIOD OF TIME!
I AM GRATEFUL THAT YOU WELCOMED ME THE WAY YOU DID, HAVE BEEN MY TRANSLATORS + NAVIGATORS WHENEVER I NEEDED IT AND MADE ME FEEL AT HOME!
YOU ARE ALL SO TALENTED + I WISH YOU THE VERY BEST!
I AM GONNA MISS YOU + AANGKKO!
SO, HOPEFULLY WE WILL SEE EACH OTHER AGAIN!
THANK YOU, JULIA

디에고 오빠야가 처음 비키 아줌마랑 같이 심심작업실에 왔을 때
비키 아줌마가 판쵸를 입고 있어서 앙꼬는 엄청 깜짝 놀라버렸어!
놀라서 앙꼬도 모르게 언니야들도 모르게 방구를 뿡!
디에고 오빠야는 상냥하게 매일 비키 아줌마를 데리러 오고,
밤마다 데려다 줬어.
언니야들이랑 앙꼬가 비키 아줌마와 저녁에 같이 수다 떨고 즐거워 하니까 여기 오길 잘 했다며 정말 좋아했지.
그래서 비키 아줌마가 간 다음에도 심심작업실 문 틈에 앙꼬 그림이랑 편지를 놓고 갔어. 상냥해!
중국에서 온 가의 언니야는 짧게 한국에 놀러왔대.

모든 관심을 가져 주셔서 감사합니다.
여러분 모두가 저를 매우 편안하게 느끼게
해드렸습니다. 나는 나와 함께 너 모두에
대한 아주 좋은 기억을 가지고있다.
모두를 만나고 나와 함께 시간을 공유하는
것은 매우 좋았습니다!

작업실언니야들이랑 맛있는 것도 나눠먹고 앙꼬랑도 놀아줬는데
앙꼬를 무서워 한 줄은 몰랐어!
으잉 이렇게 귀엽고 깜찍한 앙꼬가 뭐가 무서워잉.

다음 번에 오면 앙꼬랑 더 신나게 놀기 성공해줘요!

디자이너 5명 있는 작업실라서
이걸 보고 바로 썼어요 ㅋㅋㅋ. 좀 비슷하지 않나요?
그 동안 고맙습니다!
언니는 길도 찾아줘요 맛있는 걸도 추천해줘서
너무 감동적이에요. 평소 말로 표현할 수 잘 하지
못해서 미안해요 ㅠㅠ.
그리고 전 고양이대해 사실 좀 무서워요..
이번에 도전하려고 했는데, 실패했다 걍
앙꼬나.. 미안해.. 그럼 다들 건강하세요~
-가위

To everyone at Simsim Studio.

Thank you so much for having me! I had such a comfortable stay and the house is perfect. I wish I lived here! Aangkko hated me so much at first but now she loves me ♡ I will miss her a lot! Thank you all for all your help and good luck to you all as artists!

Much love,
Ariane xxxxxx
2017

Hey there! ☺
Thank you for having me in your cozy studio. I enjoyed it very much! And thank you for all your help and the wellcoming atmosphere ☺
All the best, Kristina

안녕하세요?

앤디입니다. 제 한국에서 두 번째 시간은 진짜 진짜
재미있었어요.
심심스튜디오 정말 편하고 멋있었어요.
한국어 말하기 잘못해요. 미안해요. 아직도 배우고
있어요. 그리고 저는 너무 부끄러워요 ㅠㅠ
다음번에 제가 훨씬 더 좋아질 거예요 ㅎㅎㅎ

그렇게 감사합니다. 호스트 (host) 괜찮고
친절해요. 빨리 돌아오고 싶어요.

I had a great time!
Thank you! ♡♡
고마워요

앙꼬 귀엽다아아아

— 앤디

나는 과일을 샀다.

우리 같이 먹자.

ᴗ

Thank you so much for sharing your happy place with me! I will keep this beautiful memory in my heart and hope to see you again!
♡: Allla

잠깐 동안 고아원 여운, 여기에 편안하 지내고 갈아 줄 머물 수 있어서 즐거웠어요. 나중에 대만에 놀러오면 한번 뒤요! 제가 만이 대우게요. 다음에 봐요.
라라

A gift - my suitcase is too heavy! Please keep if you want!
♡ Ariane
xxxx

감사합니다 ^^~

감사합니다ㅜㅜ
simsim studio -
I had a very lovely stay ↓
Thank you for making my first trip to Korea so much fun :)
-alex-

굿바이 기프트?!
떠나가는 손님에게
새를 선물한 앙꼬

by 수리

중국에서 영어를 가르치고 있다가 한국에 놀러 온 손님 Michelle 에게 사진 한 장이 왔다. 작업실 바닥에 나뒹굴고 있는 새 깃털과 함께 도착한 메시지

"I don't know what happened to the bird.
이 새에게 무슨 일이 일어난 걸까 난 모르겠어요."

한창 날씨가 좋아 하루에도 몇 번이나 외출하고, 주말엔 외박까지 서슴지 않던 앙꼬였다. 예전에도 작업실에 떨어진 새 깃털을 보고 경악했던 기억이 있었는데, 사진을 자세히 살펴보니 이번엔 양도 많고, 게.다.가 빠알간 피까지 같이 보이는 것이었다!
회사에서 메시지를 받은 나는 뭐라고 대답해야 할지 몰라 "OH MY GOD"이란 외마디 감탄사(비명?)와 함께 앙꼬는 작업실에 들어왔냐고만 물어보았다. 그다음 도착한 Michelle의 대답에 빵 터지고 말았는데….

"Yes, She looks happy and full.
앙꼬 기분 좋아보이고, 배 불러 보여요."

'아니 앙꼬는 이제 새까지 잡아먹는단 말인가, 우리가 맨날 사료와 츄르를 많이 줬는데도 단백질이 부족했나? 집고양이들은 날고기를 잘 먹지 않는다고 들었는데 어째서 우리 앙꼬는….' 하며 새를 잡아먹는(?!) 앙꼬 모습을 상상하고 있는데, 잠시 후 메시지가 한 번 더 날아왔다.

> "Never mind, I found the dead bird.
> 내가 죽은 새를 찾았어요. 괜찮아요!"

그리고 작업실 큰방 바닥에 떨어져 있는 작은 새 한 마리의 사진. 차마 크게 확대 해서 볼 자신이 없어 점처럼 보이는 새 사진을 보며 갖가지 생각이 들었다. '앗, 저기에 떨어져 있구나, 저걸 어떻게 치우지. 왜 오늘따라 작업실엔 아무도 없었을까. 손님만 있을 때 죽은 새가 작업실에 있다니…'라고 생각하고 있던 찰나,

> "It's a good-bye gift.
> 이거 굿바이 선물이었나 봐요."

라며 쏘쿨하게 앙꼬의 새 사냥을 받아들이는 Michelle에게 반해버리고 말았다. 그리고 곧 체크아웃 시간이라 깃털과 새를 화단에 치워두고 간다는 메시지에 한 번 더! 나는 바닥에 떨어진 사진만 보고도 어찌할 줄 몰라 쩔쩔매고 있었는데, 손님이었던 Michelle의 대수롭지 않은 반응에 적지 않게 놀랐다. 그리고 직접 치워주기까지 한 마음 씀씀이가 너무나 고마웠다. 내가 손님으로 어떤 숙소에 갔을 때 이런 일이 생긴다면 이렇게 의연하게 대처할 수 있을까, 누가 어떻게든 해주길 바라며 발만 동동 구르고 있지 않았을까 싶다.

한편으론 앙꼬의 야생성에 다시 한번 놀라지 않을 수 없었다. 얼마 전 작업실 건너편 건물 바닥에 비둘기가 죽어있는 것을 보면서 설마 앙꼬가… 싶었는데 이제와 돌이켜보니 정말 앙꼬가

했을지도 모르겠다는 생각이 들기도 하고. (하지만 앙꼬가 했다고 하기엔 비둘기의 크기가 너무 크긴 했다. 제발 앙꼬가 아니었길!) 앙꼬는 대체 얼마나 더 많은 능력을 우리에게 보여줄지 새삼 기대가 되기도 하지만 그래도 새 선물은 이번이 마지막이길 바란다.

앙꼬 마음대로 할꺼야
#1. 곰돌이랑 놀기

by 앙꼬

여기 애처롭게 실에 매달려있는 곰돌이친구가 있어.
실쟁이 언니야가 받은 선물이라고 했는데
앙꼬 눈에는 이 곰돌이가 너무나 심심해 보이는거야!
내려와서 같이 놀자고 앙꼬는 곰돌이를 계속 불렀어.
그런데 불러도 대답없는 곰돌이여!

그래서 앙꼬는 곰돌이를 내려주려고 발을 깨물기 시작했어.
곰돌이친구의 발이 어찌나 부드러운지 앙꼬가 깨물 때마다
모양이 바뀌더라구.
그래서 언니야가 안 볼때마다 몰래몰래 곰돌이의 발을 물어댔지,
그러던 어느날….

처음엔 곰돌이 다리만 가지고 놀려고 했던 건데, 그런건데….
무아지경으로 곰돌이와 놀아버린 앙꼬가 정신을 차려보니,

으앙…. 곰돌이가 얼굴만 남아버렸네?!
화가 난 실쟁이언니야는 곰돌이를 저 멀리로 치워버렸어.
으앙… 곰돌이랑 조금만 놀려고 그랬던 거야, 정말이라구!

앙꼬 마음대로 할꺼야
#2. 아보카도 그만 키워!

by 앙꼬

요즘 아보카도라는 게 인기라며?
언니들도 망원시장에 가서 아보카도를 맨날 사왔어.
망원시장 아보카도가 젤 싸다나? 앙꼬 입맛엔 영 별로야,
냄새도 킁킁 맡아봤지만 호박 냄새만 나서 싫더라구.
그런데 언니야들이 아보카도씨를 물에 둥둥 띄워놓기 시작했어,
아보카도를 키울 꺼래,
나 앙꼬나 잘 키우면 되지 왜 맛도 없는 씨앗을 키운다고 하는거야?

작년부터 키우던 아보카도는 벌써 잎파리가 여러 개 나서
화분으로 이사갔어.
언니야들이 너무 뿌듯해 하더라고.
앙꼬가 아보카도 마음에 안 들어하는 줄도 모르고 말야,

나 앙꼬, 맘에 안 드는 건 못 참고 지나가는 고양이.
언니야들에게 앙꼬의 의견을 전달하기로 마음 먹었지.

이봐, 아보카도 씨앗은 치워버리고,
나 앙꼬가 먹을 물이나 챙겨달라구

앙꼬가 카톡 보내줬으면
나 지금 나가고 싶으니까
와서 문 열어 달라고

by 수리

오늘도 작업실 문을 여는 데 기분이 뭔가 이상했다.

현관문을 열자마자 문 이음새에 껴있던 고무가 군데군데 구멍이 난 채 밖에 나와 있었고, 창문에 붙어있던 뽁뽁이가 바닥에 나뒹굴고 있었다.
부엌을 보니, 아뿔싸, 또 아보카도 씨앗이 바닥을 나뒹굴고 있다. 앙꼬의 기척이 없는 것을 보니 이미 앙꼬는 밖에 나갔고 손님이 창문을 열어둔 것 같았다. 밖에 나가고 싶다고 아앙거리면서 눈에 거슬리는 아보카도부터 발로 쳐버린 게 분명하다.

한 동안 피부병에 고생하기도 했고, 날씨도 더워서 밖에 못 나가고 있던 앙꼬였다. 이번 주말 온도가 아주 조금 내려간 것 같기에 밖에 내보내 줬더니 하루 종일 나가고 싶어 했다. 그래도 그렇지 작업실의 문이란 문은 다 두드려보고 열려고 온갖 난리를 다 부리다니….
(잠긴 문 열기 스킬이 아프면서 잠시 퇴보했나보다.)

반토막난 아보카도를 치우고, 바닥을 닦고, 문에 고무를 다시 넣으면서 땀이 줄줄 난다. "앙꼬 이 놈 자식" 한 마디 내뱉으며 청소를 하고는, 나가고 싶어서 안절부절 못하며 여기저기 다 열어보며 고군분투했을 앙꼬를 떠올린다. 앙꼬의 이런 흔적을 보고 있노라면 웃기면서도, 사실은 짠한 마음도 잇따라 든다.
사람이 같이 있었다면 나가고 싶어 우는 목소리에 잠시라도 산책을 보내줬을 텐데 아무도 없었으니 얼마나 답답했을까, 이럴 때면 앙꼬가 카톡으로 메시지라도 보낼 수 있으면 좋겠다고 생각한다.

언니야, 나 지금 나가고 싶으니까 문 좀 열어줘

하고 메시지 보내준다면 한 걸음에 달려와서 문을 열어줄 텐데. 밖에서 신나게 노는 걸 보면 내보내 주지 않을 수가 없다. 그렇게 놀다가도, 우리가 밖으로 나가면 애옹애옹 울면서 쏜살같이 달려와서 몸을 부비는 너를, 어찌 말릴 수 있겠니.

두 번째 심심장!
앙꼬 보러 왔냐옹?!

by 앙꼬

작년에 이어 심심장이 또 열렸어!
작년이랑 달리 햇빛이 쨍쨍! 하늘도 반짝반짝!
언니야들 솜씨 보러, 언니야들이 이제 안 쓰는 물건들 사러
사람들이 심심장에 놀러왔어.

이번에도 앙꼬를 보러 온 언니야들 친구들이 많았지,
다들 사진으로만 보던 나를 실제로 보고싶다고 그랬거든.
그런데 날씨가 너무 좋아버렸지 뭐야?
1층에 물건들 가져다 둔다고 현관문이 활짝 열리자마자 시작된
앙꼬의 자유타임!
앙꼬는 한참을 놀다가 빼꼼하고 언니야들 보러 갔어.
마침 그때 놀러온 언니야 친구들한테 인사도 하고,
앙꼬의 미모도 뽐내면서 신나게 놀았지.

신중언니야의 생일파티도 하고,
시원한 샹그리아도 만들어서 손님들에게 나누어 주고,
심심작업실의 파티날이었어!

하루 종일 창문이랑 문이 활짝 열려있어서 앙꼬는 행복했지.

언니야들 더운 날 수고가 많았어!

2016.12.27

오늘의 각맘 사람들 ~Pm 04:10

12.27

2016년이 끝나가고 있습니다

요즘 PM 6시에 와서 쥐돌이만 흔들다가 집에 가곤 합니다 내년에는 실속있는 삶을 살고싶어요 희희희희~

그럴거면 집에 가지그래?

노래방이 가고싶어

알바 천국 끝!

일본 원숭이 귀여웅.

12월 29일 손님께서 양퀴이 피? (양귀비) 중국 하리 미인의 액자를 선물해 주셨습니다!

같이 와인 먹었음

장근석 팬이라 여행 오셨대요 30세, 기혼, 애기엄마 개 3마리 키우심 ... 호칭을 꼴마함.

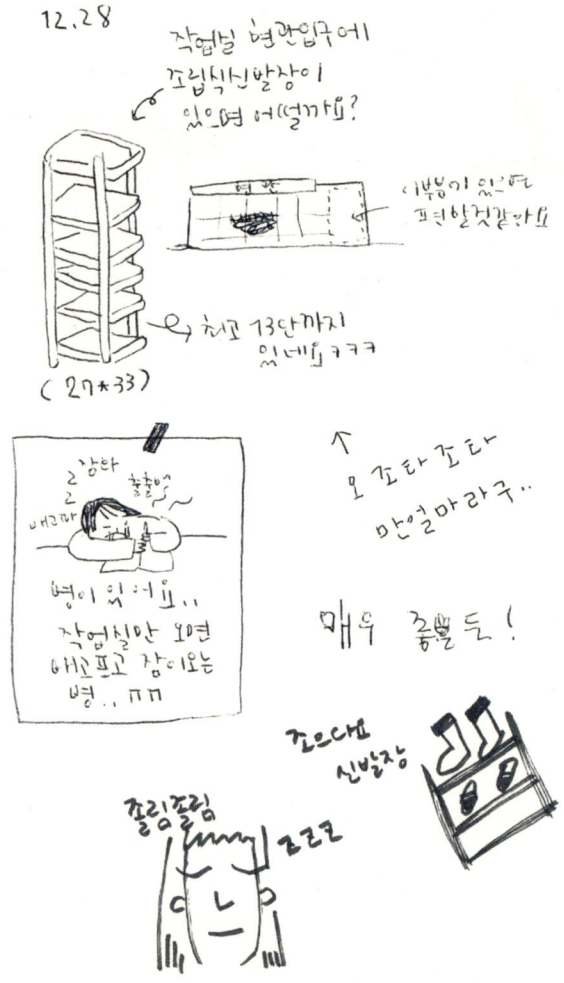

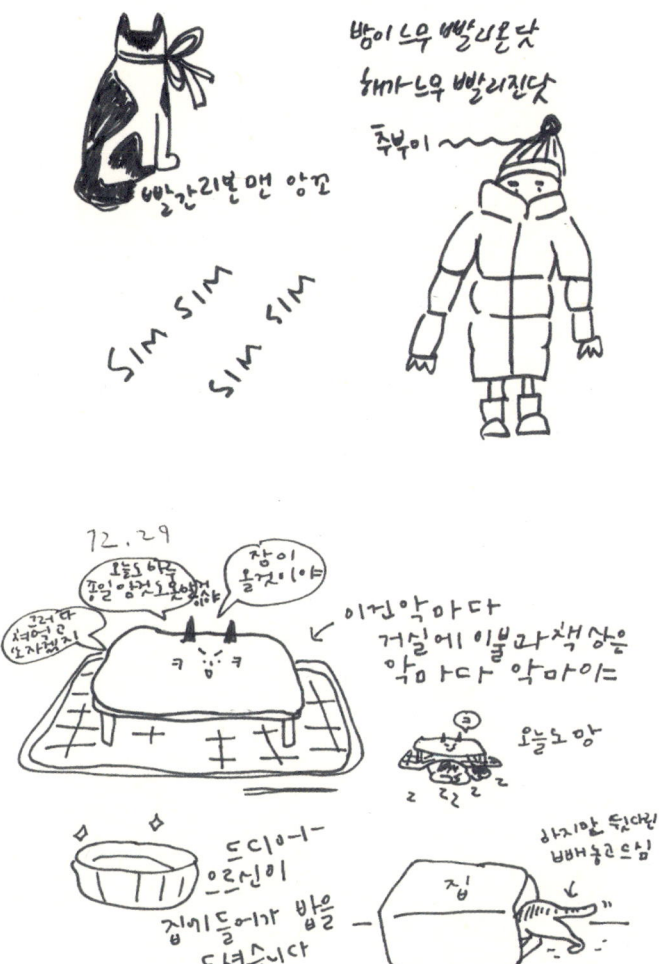

에필로그

어디선가 눈길이 느껴져서 돌아보면
날 바라보고 있는
앙꼬와 눈이 마주친다.

내가 앙꼬의 이름을 불러주었을 때,
앙꼬는 나에게로 와서 나의 고양이가 되었다.

나의 눈빛을, 나의 손길을 낯설어하지 않는
고양이가 여기 있다.

엉덩이 토닥토닥하는 손길에
기지개를 피며 들릴까 말까하는
낮은 소리로 골골거리는 고양이가
여기 있다.

내 목소리를 기억하고는,
"앙꼬" 하고 부르면 야옹야옹 대답하는
고양이가,
여기 심심작업실에 있다.

2019년 봄,
후원을 통해 이 책을 출판할 수 있도록 도움 주신 모든 분들께 감사를 전합니다.

본 책의 표지와 내지에는 친환경 재생용지를 사용하였습니다.

심심 X 앙꼬
왕코 고양이 앙꼬가 쓰는 심심작업실 일기

초판1쇄	2019년 6월 7일
지 은 이	수리(정수연)
펴 낸 곳	하모니북
사 진	심심작업실 식구들
일러스트	홍갈(@hongal.hongal)

출판등록	2018년 5월 2일 제 2018-0000-68호
이 메 일	harmony.book1@gmail.com
전화번호	02-2671-5663
팩　　스	02-2671-5662

ISBN 979-11-89930-13-4 03810
ⓒ 정수연, 2019, Printed in Korea

값 15,000원

이 도서의 국립중앙도서관 출판예정도서목록(CIP)은 서지정보유통지원시스템 홈페이지 (http://seoji.nl.go.kr)와 국가자료공동목록시스템(http://www.nl.go.kr/kolisnet)에서 이용하실 수 있습니다.
CIP제어번호 : CIP2019017711

이 책은 저작권법에 따라 보호받는 저작물이므로 무단 전재와 무단 복제를 금지하며, 이 책 내용의 전부 또는 일부를 이용하려면 반드시 저작권자와 출판사의 서면 동의를 받아야 합니다.